VOYAGE EN MER

Gérald Patinet

Le code de la propriété intellectuelle n'autorisant, aux termes de l'article L.122-5, 2° et 3°, d'une part, que les copies ou reproductions strictement réservées à l'usage privé du copiste et non destinées à une utilisation collective et, d'autre part, que les analyses et les courtes citations dans un but d'exemple et d'illustration, toute représentation ou reproduction intégrale ou partielle faite sans le consentement de l'Auteur ou de ses ayants droit ou ayants cause est illicite (Art. L.122-4). Cette représentation ou reproduction par quelque procédé que ce soit, constituerait donc une contrefaçon sanctionnée par les articles L.335.2 et suivants du Code de la propriété intellectuelle.

© Gérald Patinet 2020

Éditeur : © Patinet Thierri

ISBN 978-2-87782-675-4

VOYAGE EN MER

VOYAGE

Les douilles d'obus d'après-guerre

Le ruisseau

Le jour

La lune

Ilian

Mon bonheur

Orage

La cité

Douce nuit

Voyage en mer

Les douilles d'obus d'après-guerre

Mon père me les avait laissés à la mort de mes grands-parents. Tout enfant elles me fascinaient et je rêvais de les posséder.

Depuis de très longues années ces deux douilles d'obus trônaient dans la salle à manger chez ma grand-mère, posées à chaque extrémité sur le rebord de la vieille cheminée de marbre.

Je me revois encore écouter avec respect leur histoire. Ramenées pendant la première guerre mondiale par mon oncle, ancien forgeron, artilleur à Verdun, celui-ci les avait fabriquées et façonnées de ses mains, avec amour, sans en prendre ombrage et sans scrupule pour servir à défendre courageusement notre pays et préserver ainsi notre liberté.

Combien de soldats sont morts sous ces obus?

Objets de destruction en temps de guerre, décorations artistiques en temps de paix, toujours prêtes à satisfaire avec plaisir le regard de l'homme, ils trôneront pour toujours à la postérité, insensibles aux émotions de l'homme d'aujourd'hui.

Le ruisseau

Il court, il court le petit ruisseau,
Je me vois déjà sur mon bateau,
Sur une mer à moitié déchaînée,
Le foc et la grande voile déchirée.

Luttant contre les terribles éléments,
Et menaçant de couler à tout moment,
Je résiste de toutes mes forces.
Le vent froid se renforce.

Soudain apparaît un rayon de soleil :
Les nuages se résorbent. Loin dans le ciel,
Un brin de ciel bleu apparaît,
Tout cela me paraît presque parfait,
Ma course va bientôt se terminer.

Et je suis très content de rentrer.
J'ouvre les paupières et me réveille,
Je regarde autour de moi, le ruisseau est toujours pareil,
Toujours à couler lentement.
Ce n'était qu'un rêve au firmament.

Le jour

J'attends le lever du jour
Pour vous dire, ô toujours
Je vous aime pour la vie
Malgré le temps qui s'enfuit.

J'espère profiter de votre amour
Pour tout le reste de mes jours.
S'il nous arrivait de nous séparer
Je crois que je serais désespéré.

Ma vie n'aurait plus aucun sens,
Mais je partirai avec décence.
Si un jour on se retrouvait...
J'espère qu'avec le temps je chercherai
A vous reconquérir de toute ma volonté,
Et revivre enfin dans un parfum de volupté.

Si le désir reste encore le plus fort,
C'est à vous de me dire si c'est possible encore,
Sinon mon départ aura lieu définitivement,
Et mes pensées s'envoleront dans le vent.

La Lune

Dansons sous la lune
Comme un jour de pleine lune !
Je revis toute ma jeunesse
Dans un jour de liesse.

C'est une nuit de grande joie.
Et je repense, de nouveau parfois,
À toutes ces petites maladresses
Qui m'ont empêché toute tendresse,

À la compagne de ma vie, qui se trouve toujours ravie
De me serrer fortement dans ses bras.
Et là, je doute de l'amour, ou pas.

La clarté du ciel, avec tous ses astres,
M'empêchera de savoir, de guerre lasse,
Si le monde est né dans la lumière
Et finira, un jour, éphémère.

Ilian

Une petite étoile est née ce soir,
Ce sera sans doute l'enfant de l'espoir.
Ce nouveau petit ange, enfanté par sa mère,
Est comme un coucher de soleil en pleine mer.
Ce cadeau donné par le ciel à ses parents,
Sera pour sa famille un nouvel enchantement.

Ce petit rayon de soleil va s'endormir,
Sa maman n'aura pas toujours ce plaisir,
Car son nouveau-né va finir par grandir,
Avec le temps il deviendra un homme.
Son père, ravi, se laisse aller à un petit somme.

Mon bonheur

Je me sens bien seul ce soir.
Je pense à ton au revoir,
Une grande solitude m'envahit,
Vivement que tu reviennes lundi !

Que je puisse à nouveau te serrer dans mes bras,
Et que tu sois bien venue pour ça.
Tu as beaucoup de tendresse pour moi,
Et moi j'éprouve de l'amour pour toi.

Le grand jour va bientôt arriver,
Où je demanderai ta main, avec timidité.
J'espère que ta réponse sera la mienne,
Et que notre vie sera un arc-en-ciel !

Des enfants viendront égayer la maison,
Et nous finirons heureux, non sans raison.

Orage

À quelque longueur de moi coule la source.
C'est l'après-midi que je me ressource.
Les papillons virevoltent dans le vent,
Le soleil est au zénith. Je reviendrai plus souvent.

Un léger vent fait bruisser les feuilles d'à côté,
Des sauterelles s'ébattent et sautent dans l'herbe du pré,
Les grillons crissent à l'unisson dans les arbres,
Un chevreuil passe près de moi, je reste de marbre.

Il s'enfuit en me voyant et bondit au-dessus du ruisseau.
Des nuages noirs apparaissent, il va y avoir un orage et de l'eau,
Je vais quitter cet endroit, je pense, rapidement.

La pluie commence à tomber, et le grondement
Me conseille de rentrer à la maison dans la vallée.
Pressé, par un pas rapide je serai bientôt près de la cheminée.

La cité

La fabuleuse cité d'or,
Au firmament, dort.
La ville enfin se réveille,
Les habitants sortent du sommeil,

Déambulent dans les ruelles,
Les commerçants interpellent,
Les passants se rapprochent
Près de leurs étals avec leurs proches.

Après de maints marchandages,
Vases et bijoux d'un certain âge
Sont cédés aux meilleurs clients,
Qui les offrent à leurs parents.

Le soleil se couche sur le temple,
La nuit tombe, de plus en plus ample.
Les citadins s'endormiront, de rêves éblouis,
Dans leurs palais aux rêves ravis.

Douce nuit

Le vent qui souffle fait bouger le rideau,
Et moi sur mon lit, allongé sur le dos,
Je pense au moment où elle se réveillera.

Je ne serai plus là pour elle. Seul en éveil,
Un rayon de soleil radieux traverse la pièce,
Je m'habille, la regarde, et la laisse
Dans ses derniers rêves, avant que je la quitte.

Je sors de la maison, il faudra qu'elle me réinvite.
J'aurais dû lui donner un baiser avant de partir.

J'espère que cette relation ne va pas bientôt finir.
Dans le vent frais de la rue, je hâte le pas
Et me dis qu'il est inutile de se faire du tracas.

Voyage en mer

Après mon départ en mer, depuis Noël,
J'arrive et jette l'ancre au large pour elle.
Le clapotis des vagues m'envahit de pensées.

Allongé, sur la plage avant du voilier,
Je regarde la voie lactée scintillant de mille feux.
Bientôt tu me rejoindras, et nous serons deux
Pour profiter de naviguer le long des côtes,
Et nous serons peut-être de retour à la Pentecôte.

Loin du rivage la ville étincelle de lumière,
Ce sera peut-être la nuit, depuis longtemps, la première,
Où je profiterai du calme et de la solitude.

J'espère voyager bientôt sur toutes les latitudes,
Je pense que c'est possible, mais ce sera rude.
Le bateau tangue sur les vagues et me berce lentement,
Bientôt une petite brise soufflera et je m'endormirai profondément.

Table

VOYAGE EN MER

7 - *Les douilles d'obus d'après-guerre*

13 - *Le ruisseau*

19 - *Le jour*

25 - *La lune*

31 - *Ilian*

35 - *Mon bonheur*

41 - *Orage*

47 - *La cité*

53 - *Douce nuit*

59 - *Voyage en mer*

65 - Table

69 - Catalogue

À Saint Laurent des Arbres
Gérald Patinet

Catalogue

Éditeur Patinet Thierri

http://harmonia-universum.com

Œuvres Auteurs

Gérald Patinet

Voyage en mer

Marie Laure Bressuire

Hautes Feuilles
Cristal du Printemps
Moissons

Jacques Oel-Harfang

Cristallographie

Eugène Raymond Maurin

Caporal Maurin Chroniques et récits de la guerre 1914-1918

Vincent Thierry

GÉNÉSIAQUE
Le journal d'un Aventurier

PRAIRIAL
Le Chant du Poète
De Jeunesse
Les Continents oubliés
Vents du présent

ÉCRITS DU VENT
Écrins
De Marche Humaine
L'Indivisible
Military Story and new world

HÉROÏQUES
Mutation Terrestre
Lettres à l'Amour
Les Cantiques
D'Olympe le Chant d'Or

NATURAE
Fresques d'Amour
Le Verger d'Amour
L'Interdit
Mélodie d'Amour

FENAISONS
Améthystes
Océaniques
À la recherche de l'Absolu
Voyages

HORIZONS
Ivoire
D'Histoires nouvelles
D'Orbes
Stances

SOLSTICE
Idées
Âme Française
Expressions
Solstice

D'UNIVERS
D'Iris
Démiurgique
D'Azur
Flamboyant

REGARDS
D'un Ode Vif
D'une Gerbe de Soleil
Du Songe
Du Savoir sans Oubli
Que l'Onde en son Respire
Que l'Or Solaire
Qu'azur le Cristal
Du Souffle Vivant
De l'Harmonie

ISTAÏL
Cygne Étincelant
Âme de plus pure Joie
D'un Âge d'Or Renouveau
Par le Ciel Symbolique
De l'Être Universel
Règne d'Or Liquide
De toute Luminosité

TEMPOREL
Les Sortilèges de l'Enfance

ALPHA
De l'Azur Souverain
Ivoire de l'Éden
L'Orbe Cristallin
De l'Aigle Impérial

OMÉGA
Dans la Demeure des Dieux
Le Chant du Cygne
D'Oriflamme Souverain
Le Chœur Magnifié

FRESQUES
D'or et de Pourpre
Dans la Luminosité du Verbe
L'Azur du Cristal
Qu'Enamoure l'Éternité

COSMOS
Cosmographies
Delta du Cygne
La Légende de l'Espace
Infinitude

ÉTOILES
Thélème ou l'ambre de Vie
Véga 3000
Architectura
Naturae

ARRIOR
Sous le Vent de poussière
Des Catacombes
Debout au milieu des ruines
L'Aigle Impérial regarde

RESCRITS
Aux Protocoles
À Thanatos
Aux Droits
À l'Histoire

CONSCIENCE
Contemplations
Orientations
Actions
Le Diamant Foudre

CRISTALLOÏDES
Essors
Cristal
Empire
In memoriam

ESPACE
Au Cœur de Terre

DES AIGLES

DES AIGLES EN CITE
La Citadelle de Marbre
Le Labyrinthe Équinoxial
La Spirale de l'Éveil
La Forge de l'Épée

L'UNIVERS TEMPLIER
Le Corps du Vivant
L'Esprit du Règne
L'Âme du Déploiement
L'Unité Harmonieuse

L'AIRE IMPÉRIALE
Le Parvis de Cristal
Les Marches du Trône
La Nef du Pouvoir
Le Chœur des Sages

HARMONIA UNIVERSUM
Harmonia Universum

ABSOLU
Théorie Générale de l'Universalité

NIDS
Nid de faucons
Nid de vautours
Nid de scorpions
Nid d'Aigles

COMBATS
Ordre Mondial contre nouvel ordre mondial
La Voie Templière
Contraction Temporelle
Ondine

Lanzarote Élégies
De Corse les Chants
Jeunesse lève-toi !
Métamorphose
Roseraie de lumière
Constellations
Semeur d'étoiles
Pléiades
Aux confins des Univers

UNIVERSUM

Universum I

Universum II

Universum III

Universum IV

Universum V

Universum VI

Universum VII

Universum VIII

Universum IX

Universum X

Universum XI

Universum XII

Universum XIII

Universum XIV

POLITIS

Politis I

Politis II

Politis III

Politis IV

Politis V

Politis VI

Politis VII

Politis VIII

Politis IX

Politis X

EXPOSITION

Prélude

Exposition I

Exposition II

Exposition III

Exposition IV

Exposition V

MULTIMÉDIA

UNIVERS

(Shows artistiques informatiques – CD/DVD)

1992-2018 : Univers I à XXXIII

2007 : Univers Film IDDN.FR.010.0109063.000.R.P.2007.035.40100

ÎLES

(Films CD-DVD)

Est Ouest

Atlantis

Fragments

Rêve Corse

MUSIQUE

(CD-DVD)

Émotion

Mystica

COMPILATION

ŒUVRES 2008
(CD)
Œuvres Poétiques
Œuvres Romanesques, Nouvelles
Œuvres Élégiaque, Chants
Œuvres Théâtrale
Œuvres de Science-fiction
Œuvres Philosophiques, pamphlets
Œuvres Métapolitique
Œuvres Complètes

OASIS
Thélème ou l'ambre de Vie
Essors
Lanzarote Élégies
De Corse les Chants

PROFESSIONNEL
(Base de données DVD)
Assurance Dommages

SITE INTERNET
http://harmonia-universum.com

Éditeur Patinet Thierri

http://harmonia-universum.com

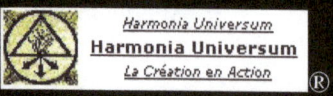

Impression

http://www.lulu.com

www.ingramcontent.com/pod-product-compliance
Lightning Source LLC
Chambersburg PA
CBHW041519220426

43667CB00002B/40